낙엽의 시간

이원문
제47집

낙엽의 시간

이원문 지음

책나무

| 차례 |

제2부

제3부

제4부

제1부

삶의 계절

피는 꽃에 깨어보니
봄날의 꿈이었고

일어나려 하니
여름날 불구덩이였다

가을날 소슬바람에
떨어지는 낙엽들

짊어진 것 내려놓고
손에 쥔 것 놓아야 하는 것인가

설한에 덮은 이불
흙 속에 묶인 몸이었다

이별의 봄

송홧가루 날아와
장독대에 앉으니
얼룩진 찔레꽃
바람에 떨어진다

한 세월 그렇게
지는 꽃에 보내는 봄
아쉬움에 잡아도
떠나야 했는지

가는 봄이 부르는
철새 따라오는 여름
긴긴날 돌담 아래
어느 꽃이 피어줄까

꽃동네

그때는 몰랐다
아련히 스쳐 가는
나 자란 꽃동네를
봄부터 가을까지
얼마나 많은 꽃들이 피었나

양지에 음지로
냇둑에 산기슭까지
일터의 들녘은
논밭 길에 가득했고
언덕배기의 들국화 못 잊을 향기

그 겨울날 추워
못 보았던 시려운 눈꽃
소나무에 솜 얹은 듯
나뭇가지에 핀 하얀 안개꽃까지
이 봄날 그 꽃들이 조용히 스쳐 간다

미워

지우지 못한 그리움에
울고 있는 사랑아
너의 모습 그리워
이 봄날 그려본다

바다로 산으로
노을빛에 젖던 날
우리 사랑 그 행복
얼마나 울었나

시간에 깎이고
세월에 묻힌 날
흐려진 너의 모습
이 거미줄에 묶는다

나이의 늪

세월을 늘어놓고
뒤돌아 짚어보면
서있는 이 자리의
중심을 잃는다

이 자리에서 있어도
나이 늪으로 가는 길
시간의 몰이에
어디쯤 와 있나

벗기고 입혀가며
밀어대는 한 세월
밤낮으로 모는 시간
주름 한 줄 더 긋는다

오월 단풍

아가 손

네 붉은 잎

더 빨간 날이

가을이란다

푸르름 속

너의 가을

네 가을은 아직

메뚜기 꿈에 숨었는데

버드나무의 꿈

봄버들의 꿈 어느 곳에 닿을까
하늘 높이 날아 허공을 맴돌고
길바닥에 나뒹굴다
집 안으로 들어온다

쫓아도 들어오고
쓸어내면 도망가고
바람 불면 바람 따라
허공을 다시 난다

냇가의 밤

유화 등 가물가물
반딧불 오가는 밤
하늘의 별 총총히
어느 쪽이 더 많은가

별자리 짚어보며
마음의 별 세이는 밤
변함없는 물소리
은하수에 젖어든다

오월

보리밭의 파란 하늘
보는 산 더 멀어지고
누런히 송홧가루
산허리 스쳐간다

바람 한차례에
앞가리는 송홧가루
저 멀리 보는 산
봉우리를 넘을 까

지나는 산 넘지 말고
보리밭에 앉으면
길고 긴 보릿고개
중턱쯤 될 것인데

꽃 돌

이 바다 수평선에 마음 얹어 놓으면
오는 파도 밀려와 무늬 꽃 돌 씻어주고
다시 얹어 놓으면 바위에 부딪친다
쓸쓸하니 마음 따라 찾아온 바다
한가로이 이 바다에 다녀간 이 누구인가

줄무늬 돌 띠 두른 돌 흰색 점박이 모습의 돌
누가 깔아놓았나 아름다워라
세상에 예쁜 돌 여기에 다 있네
거닐며 줍고 앉아 찾아 줍고
모두가 예쁜 돌 어느 돌이 내 것인가

서모

알 수 없는 운명의 길
인생은 그렇세
왔다 가는 것

건너뛴 돌 딛고 나니
삐뚤어 다시 뛰고
다시 뛴 돌 딛고 나니
그 돌도 삐뚤더라

겉으로 웃어도
속으로 잃은 웃음
겉웃음 속웃음 모두 비웃더라

어머니의 오월

우리 어머니는

쌀독의 광보다

보리 패는 보리밭에

관심이 더 많았다

흑설탕 한 숟갈에

밥물 거둬 먹인 동생

동생은 어머니 등에 업혀

왜 그렇게 보채야 했는지

오월의 산

양지 음지 모두가 푸르르고
오월의 파란 하늘 흰 구름 산 넘는다
사월의 꽃 지고 난 오월의 산기슭
뛰엄뛰엄 피어난 꽃
이 꽃 이름들이 다 무엇일까
이름은 몰라도 어려서 본 그 꽃이다
송충이 움츠렸던 그 시절 그 꽃
추억 한곳에 지나쳤던 그 꽃

뜯던 산나물은 어디에 많을까
바위 옆 고사리 음지의 취나물
기슭의 굴싸리 가시 많은 엄나무 순
다 아는 그 이름 잊고 잃었어도
다시 뜯는다면 알 수 있다
단 하나 도라지 싹
도라지는 그렇게 순 찾아 캐었건만
지금은 모두 추억에서 돋아난다

저무는 둥지

세월 앞에 별수 있겠나
시간의 밤낮에 쫓겨야 하는 것을
삶의 쳇바퀴에 시달리다 보면
무엇을 했는지 하늘 한 번 못 보고
계절도 그렇게 맞물려 잃는다

그저 그렇게 춥고 더운 것에
스치는 꽃 보며 지는 낙엽에 허무함
이렇게 이름 짓는 일 년의 세월이란 말인가
단풍도 그 잠깐 찬 서리에 주눅이 들고
둥지의 깊은 잠은 어제도 오늘도 하루를 만든다

빨래터의 오월

올려보는 앞산 하늘 구름 끼는 것인가
굽어 흐른 이 냇물 아직은 시렵구나
두드리는 방망이에 어느 때가 빨릴까
아이들 옷가지에 옥양목 홑껍데기
이 겨 비누에 얼룩이 이만큼이면 지워질까

잠깐 듣는 새소리에 까마귀 울음 섞이니
시어머니 앓는 소리 다라에 담긴다
그 매운 잔소리에 눈총 주던 시어머니
백발에 머리띠는 중풍이 둘러맸나
그 세월도 꿈인 듯 내 앞에 와 있구나

오월 상여

피고 지는 오월은
다음이 있는데
감은 눈에 묶인 몸은
옷 한 벌로 그만인가

송홧가루 황천 하늘
나 어데로 데려가나
보리밭 지날 적에
보여 주기라도 하려나

구박 덩어리 떠나는 몸
누구의 정이 잡아줄까
여보게나 상여꾼들
나 안 가면 안 되겠나

가려거든 어서 가세
저 울음들 믿지 말고
떠나는 정 끊어지면
이 얼굴도 잊을걸세

동무의 하늘

동무야
너와 나의 물레방아
아직 돌고 있어

풀 이파리 그대로
낙찰에 채이고
구경꾼 송사리
우리를 기다릴까

우리 둘이 만나거든
그 물꼬 찾아가
고무신 띄워 송사리 만나자

옴의 오월

긁고 긁어도
더 긁고 싶은 몸
겨드랑이에 사타구니로
후회하며 긁어야 하는 몸

옴 옮는다
식구 이웃 가까이 못 하고
피나도록 긁어대며
보리밭을 찾는다

병원 없던
의원 시절 면 앞에 약방 하나
무엇을 발라야 이 옴이 없어질까
곪는 종기 부스럼에 몸까지 가렵다

풍경의 밤

하늘만이 아는
몹쓸 놈의 손과 발
눈과 입은 알면서
그대로 두었다

무거운 죄 가벼운 죄
탓에 넣어 괴로운 몸
손과 발이 지은 죄
귀에 담아 나선다

두 번의 길

둥지 전 하늘에는 별도 많았는데
오늘은 달도 없고 비만 내린다
내일 낮 맑으면 어느 새가 보일까
산 넘는 구름 다시 오지 않겠지

버리고 잊어야 할 것에 잃은 것이 무엇이고
나비 맞이 꽃 되어 아름다웠던 날은 언제인가
이 문밖 나서면 그날들이 지워질까
처음도 지금도 그 행복이 데려간다

제2부

누렁이의 노을

풀 뜯기는 누렁이
언제 배가 부를까
풀은 뜯지 않고
딴청만 피운다

점심나절 해 기울어
저녁 바람 불어오고
뜯지 않아 안 나온 배
무엇으로 불릴까

집으로 가자 하니
혼날 것에 두렵고
놀다 왔다 누명에
쫓겨날까 슬퍼진다

소 모는 논두렁 길
아직은 집이 먼 길
냇둑 길 들어서니
어느새 노을 진다

오월의 하늘

친구야
너와 내가 인생을 배우던 날
우리 둘이 다녔던 곳이 어디였었지
가는 곳마다 피었던 꽃들
산으로 들로 오르내리며
푸서리 뒤져 입에 넣었던 것까지
너와 나의 스승이 되는 줄 몰랐었구나

이제 와 돌아보니 그것이 다 스승이었어
하늘의 구름도 흐르는 냇물도
빗줄기에 옷 젖어드는 것까지 가르침이었지
부족함에 얻으려 하는 것은 안 그렇겠니
허기에 찾으려 하는 것도 그렇고
넘는 보릿고개에 추워 찾는 양지까지
다 너와 나에 삶의 가르침이었어

이제 와 돌아보면 아련히 스쳐 가는 추억이라 하겠지
아니 상처의 아픔일지도 모르고
이제 다 잊자 세월이 덮어 주었잖니
어떻게 보면 누구도 가르쳐 주지 못할
너와 나는 큰 것을 배웠어 춥고 덥고 목마른 것도
하나 배우지 못한 것은 만나서 이야기하자

나 이렇게 살고 있어 너는 어디서 어떻게 살고 있는지

어린이의 마음

부모의 욕심에 힘들어하는 아이
과학에 멍든 마음 얼룩져간다
빠르고 편안하니 면역 체력 다 잃고
자연을 멀리하니 진리를 모른다

책 한 권에 부모의 자랑 그 책에 주눅 들고
있고 없고 차별하니 친구를 잃는다
처지에 놓이고 바뀌는 이 세상
부모는 아이에게 무엇을 가르치나

아내의 길

찔레꽃 두고 따라가는 길

엊그제 먼 옛날은

지는 꽃이 데려가고

바구니에 담은 꿈은

세월에게 빼앗겼다

어머니의 마음

세상의 것을 다 얻었어도
펴보는 어머니 손에는
아무것도 없었다

세상의 것을 다 잃었어도
품 안의 자식은
잃지 않았다

흙에 묻히는 세상의 것
어머니의 자식은
흙에 묻히지 않았다

아카시아 꽃의 슬픔

주렁주렁 매달린
네 아카시아 꽃
보리밭 언저리에
네 꽃이 매달리면
뻐꾸기도 울고
나도 울었다

네 꽃을 훑어
입에 넣어 가슴에 새기던 날
어린 마음의 파란 하늘은
그리움과 슬픔으로 가득 찼고
흰 구름이 된 어머니 구름은
그 사리에 머물러 산을 넘지 못했다

오월의 노래

하늘 높이 나르는 새
어느 곳으로 향하나
파란 하늘 갈참나무
바람에 눕고
푸르름 속 아카시아 꽃
그 바람에 날린다

소 모는 아이 노랫소리 누가 들어줄까
꽹과리 징 소리 풍악 놀이에 즐겁고
그네 뛰는 언니들 신바람에 즐겁다
워낭 소리에 집으로 오는 누렁이 우리 소
허공 젓는 어미 제비 석양에 즐겁고
누룽지 쥔 우리 아가 검둥개 놀림에 즐겁다

젖 싸개(brassiere)

우리 할머니는

언니들에게

이년들아

젖 싸개 하고

뛰어다니라며

막 야단치셨다

* 도움말

그 시절 옥양목 업을 띠로 처녀의 수치감을 조금이라도
더 감춰 보라는 할머니의 뜻이었지요
여자이기에 몸가짐을 부끄럽지 않게 하라는 어른들의 말씀이었고요

소라의 기억

저 먼 섬 저곳은

기억의 섬이고

이곳은 나 자라난

어머니의 섬이다

밀려와 부딪치고

기억 모아 휩쓸고

파도는 아직도

모래성을 못 잊는다

꽃

바라보는 꽃잎에 젖어드는 마음
눈 뗄 새 없이 바람에 떨어진다
시간도 세월도 내 것이 아니었음을
피었다 지는 것이 눈에 넣은 이 꽃뿐이겠는가
흐르는 꽃구름 소나기로 떨어지고
사람의 마음은 강물에 녹아내리니
다시는 못 올 세상 그 잠깐 왔다 가는 것을
흔들리는 초목에 시원하니 모르고
청춘에 젊으니 내일이 길기만 했었다

아침 바다

이는 파도 밀려오는

흔적 없는 세상

은빛 물결 이 백사장에

누구의 흔적이 남을까

오월 생각

부르는 먼 하늘 가까이 올려보면
이 생각 저 생각 구름 따라 흐르고
그 시간의 기쁨도 그날의 아픔도
웃었다 울었다 눈시울에 걸친다

다 지나간 잃어버린 날의 기억들
이제 잊어야 할 아픔의 상처인가
보내고 싶은 옛날 잊혀지지 않고
아카시아 꽃만 바람에 흩날린다

연꽃의 밤

연꽃을 보기보다
바닥을 뒤적이면

누구의 바닥인들
안 그렇겠나

밤이면 다 같이
안 보이는 예쁜 꽃들

교실

교실 창밖 꽃밭에
피어난 예쁜 꽃들
언제나 이맘때면
선생님을 기다린다

어떻게 하다 이렇게 됐나
누가 들어와 배워야 할 교실인가
법이 드나들며 순경을 부르고
학부모 찾아와 선생님께 어떻게 했나
스승의 뺨에 손 올린 학생들
놀리며 사진 찍어 나누어 보고
교육 아닌 회초리에 감정 섞여 매질하니
멍든 살에 진단 떼어 선생님을 협박한다
싸움판 놀이판 학원에서 배웠다 선생님 비웃고
탓으로 돌리는 학생 그 부모가 부추기니
선생님 학부모 눈치 보며 가르친다
학생들이 학교에서 무엇을 배우나
따지고 덤벼들고 반항하는 학생들
가정에서 애지중지 이 사회도 그런가
기초가 무너진 놀이터가 되는 교실
이 나라 미래에 먹구름이 드리운다

2016 . 5 . 15

아카시아

네 하얀 아카시아 꽃
너의 꽃 바람에 흩날리던 날
가슴의 그 뻐꾹새 그리 슬피 울어대는지
메아리에 들리는 길고 짧은 너의 울음
짧은 울음에 울먹였던 너의 울음
그 울음 누가 듣던 너의 울음이었나
보리밭 지나는 아이 해 기울어 날 저문데

찔레꽃 하늘

바람에 여며진
네 하얀 찔레꽃
너는 언제나
이 자리를 지켰지

그리움에 피어난
이 언덕 너의 꽃
다 하얀 아카시아 꽃
흩날리던 날

네 찔레꽃 못 잊어
이곳을 찾았지
이제 님은 다음다음날
뻐꾹새 들어오면 이 언덕 찾을까

개울

개울 따라 오르며

이리저리 둘러보노라면

아는 이름 찔레꽃 그 나머지 새롭고

아카시아 꽃 멀리 뻐꾹새 운다

나 어릴 적 꿈 띄웠던 고무신의 흔적인가

주머니에 담은 꿈 다 어디 갔나

새 울음 물소리 옛 그대로 변함없고

잃어버린 징검다리 돌아보며 찾는다

미움의 바다

잊혀진 옛날인가

흔적은 없어도

이 자리 남아 있고

둘만의 섬 바라보면

옛 모습이 흐려진다

아름다운 날 못 잊어

여기에 온 것처럼

잃어버린 오랜 옛날의

못 잊을 미련인가

그날도 오늘도 파도가 휩쓴다

타향의 오월

눈물도 흘렸다
아니 눈물도 흘렀다
붙여 먹던 전답 어른 안녕하신지
앞산 자락 진달래 울 밑 개나리 다 지고 난 이맘때면
푸르름 속 다랑이 논 기슭
그 찔레꽃도 쓸쓸히 피었을 것이고
높이 아카시아 꽃 벌 젓는 소리도 들릴 것인데
맑은 도랑의 물 논으로 흘러들고
찾아온 뻐꾹새 그 뻐꾹새 오늘도 울고 있겠지
못자리 피사리 모내기에 모 침 쥐면
허기에 들리는 뻐꾹새 울음
그 고향이 누구의 고향인가
보리밭 양지 녘 어느덧 누럴 것이고
이제 남은 유월 오면 들녘 모두 파랗겠지
뻐꾸기 울음 끝날 무렵이면 뜸북새 찾아오고
타향의 오월 그믐 꿈속의 고향인가
넘기는 달력에 고향이 보이고
좋은 일에 외면하고 궂은일에 찾는 타향
놀이한다는 놀이터를 찾으니
보는 눈 듣는 소리마다 속아야 좋다 한다
트집에 따지기 걷치레에 옷 못 입으니
사람도 그렇게 보는 이들 무시한다

다 눈 감고 귀 닫으니 어서 왔쑤 물어보고
어떻게 해야 이웃 맺어 어울려 살아가나
잡풀이라 뽑힐 꽃 저녁 바람에 시렵다

장미

지나기 싫은
이 돌담 길
가시에 찔릴까
누구든 멀리했지

허름한 추함
반년의 그 추함이
오늘도 그러한가

빨간 장미
네 예쁜 꽃
누가 이 길을
안 걷고 싶을까

제3부

별

모두가 가려진

이 밤의 열린 하늘

멀리 가까이

어느 별이 내 별인가

숨겨놓고 맡아놓고

나 어릴 적 별까지

따준다던 그 별도

찾지 못했다

개미의 길

울어도 보았다
웃어도 보았다
뒤돌아보는 길
걷힐 안개에
궂은날에 맑은 날
더워 옷도 벗었고
추워 입기도 했었다
외길로 곧은 길
갈래 길에 구부러진 길
그 많은 언덕 오르기를
이 길에 나 누구인가
허리 띠 졸라매고
밤낮이 없던 길
지는 해에 하루가
오늘을 만들었다
얻고 잃은 것이
이 빈손의 것이었다면
진즉 나의 것은
어디에 있단 말인가
비교의 주눅에
눈 감고 귀 닫은 길
몸뚱이 하나에

비비고 기대었다
이제 남은 멀지 않은 길
하늘의 그 구름
어디쯤 갔나
되돌아보면
쓸어안고 울고 싶은 날
목메어 울면
그날을 찾을까
거칠은 세상
얼룩진 세월
오늘도 석양에
노을 져간다

오월의 텃밭

이른 봄날 뿌린 씨앗 언제 돋아 자랄까
가뭄에 자랄 날 아직은 멀고
오가며 보아도 돋은 싹 그대로다
하룻밤 지나도 그대로 멈춰 있고
물을 끼얹어도 그리 크지 않다
허리 굽혀 풀 뽑으니 작년과 다른 몸
굽힌 몸 때는 알고 이 채소는 몰랐나
때가 되니 가꾼 채소 하루가 다르다
상추 쑥갓 시금치 아욱 이 모두 젖혀 뜯고 솎아내고
마디 자란 아욱 새갱이(민물 새우)를 기다린다
이제 저무니 하루해가 넘어가나
앞산 자락 보리밭 앵두 익기 기다리고
찾아온 뻐꾹새 찔레꽃에 꿈 묻는다

오월 그믐

낮은 꽃 지고 난
저무는 오월
높이 아카시아 꽃
바람에 날린다
내일이면 다 떨어질
마지막 꽃인가

아련히 먼 옛날
어느 기억을 잊을까
시골뜨기의 추억 속에
못 잊을 기억들
찾아온 뻐꾹새 그날을 읽는다

보릿고개의 교훈

아십니까
그때를
그때를 아십니까
어머니의 눈물을 보셨는지요

배고프다 칭얼대며 때 찾는 아이
먹을 것에 치마 잡고 보채는 아이
포대기에 눕힌 아이 불편해서만 울었나요

어른들 배고프면 어떻게 했나요
끼니는 그만두고 농사일에 지친 하루
쑥 무릇 술지 검지 엿밥

사방 사업 참여에 배급받은 밀가루로
수제비 칼국수로 끼니 때우고
오월 그믐 이 무렵 풋보리 베어 쪄서 찧지 않았나요

옥양목 치마폭에 밥 한 그릇 얻어오면
어린 형제 싸움에 가슴 메인 어머니
싸움 말리는 어머니 마음을 헤아려 보셨나요

아닙니다

아닙니다
그때가 또 옵니다

사다 먹는 수입 식량 기를 수 있는 채소까지
그 나라가 모자라도 우리에게 팔까요
홍청망청 먹고 먹다 뜨물통에 버리는 사람들

더 나가 물어보면 무어라 답할까요
그 역사를 잊고 맛의 욕심에 버리는 사람들
조미료에 의지하며 어떻게 먹습니까

그 시절 삼천만 지금 현재 사천만
농토마다 메워놓고 도로 깔고 집 짓고
텃밭에 꽃 심고 나무 심어 가꾸고

그 옥토에 자갈 흙 메꿔 땅값 오르기를 기다리는 마음
지도자님들 식량 안보 생각해 보셨습니까
소름 돋는 기후 변화 그 시절이 또 옵니다

아가의 섬

굴 바구니 당기며

엄마 따라가는 길

높이 쌓은 모래성

밀물이 언제 오나

엄마를 기다리기보다

밀물을 기다렸고

허리 굽힌 가랑이로

엄마 오나 바라보았다

아가의 유월

툇마루에 들리는

옥수수 바람 소리

파리 쫓는 부채질에

우리 아가 잠들었나

엄마 가슴 찢느라

품 안 같이 자다 웃고

실패에 감는 사랑

바늘귀에 들어간다

낙숫물

이래서 놓치고
저래도 놓친 세월
찾을 수도 없고
만들 수도 없었다

속아도 보았고
속아야 했던 세월
어쩔 수 없었고
그럴 수밖에 없었다

어두워 별을 보고
뜨는 달에 그린 그림
밝아 눈에 넣으면
세월이 빼앗았다

빗줄기

기우뚱 징검다리에 높인 발 젖어들고
놓친 우산 잡으려다 몸도 젖어 들었다
추운 몸 어찌할까 마음까지 추워진 몸

차라리 마음 접고 우산까지 접어둘까
안 접어도 적셔진 몸 마음까지 젖어들고
내리는 빗줄기 멈출 줄 모른다

엄마의 보리밭

나 업고 둘러보는

우리 보리밭

언덕도 아닌데

그렇게 높았고

오르는 길

그 하얀 찔레꽃

엄마는 눈 못 떼며

나를 내려놓았다

하얀 인생

내 닿을 곳이 어디인가
목적이 무엇이고
보이지 않아도 가야만 하고
고된 노에 쉬어갈 섬
어서 가자 시간이 몰아댄다

맑은 날에 순풍의 돛
궂은 날에 높은 파도
비바람도 있었다
밤낮없이 가는 곳
가는 곳이 어디인가

날씨

맑은 날의 구름은
어디론가 흘러가고
비 올 날의 구름은
비 되어 떨어진다

흐르다 머물러
온 세상이 젖는 하루
추운 겨울날은
안 그렇겠나

조용히 맑은 하늘
일 년에 며칠인가
맑아도 바람 불어
바람이 흔들고

밤이어도 이슬 내려
이슬이 적신다
풀잎 하나라도 편치 않은 하루
적시고 말리며 그렇게 몰아간다

뻐꾹새의 슬픔

이 기슭에 찾아온 너
그렇게 울어야 했는지
네 울음 따라 나도 슬펐지
누룻누룻 베기에 아직 이른
우리 보리밭 지나는 길이었고

저 하늘의 흰 구름
너도 보고 있겠지
메아리에 너의 울음
너무 슬프구나
어찌 그리 슬피 울고 있는지

너에게서 인생을 배웠어
저 흰 구름 바라보며 세월을 알았고
이 영그는 보리밭 언제 누럴까
뜯어 둔 풀 이파리 바람 몰고 오는구나
점심나절 집에 가자 가난도 배웠고

들꽃의 일기

이른 먼동 늦은 저녁
긴긴날 너의 꽃
너희 이름이 무엇이었지

채송화 봉숭아
누나의 꽃은 알겠는데
흔한 너의 꽃 이름 기억이 안나

길가에 작은 꽃
언덕배기에 보던 꽃
이 모두 너의 이름 추억에서 찾을게

초여름

아침저녁으로 봄인데
꽃을 보면 여름이다
메아리에 들리는 뻐꾹새 울음
지친 일에 쉬자 하니 더 멀어지고

올려보는 하늘 저녁이 아직 멀다
눈으로 보아도 끝이 없는 들녘의 일
뻐꾹새 울음 가까우면 그림자 길어질까
모내기에 보는 들녘 쟁기질 소 가엾다

이 모내기 끝나면 보리타작해야 하고
그 긴 고개 올라올 날 방아는 언제 찧나
앵두 오디 붉는 날 아이들은 아는지
뽕나무 밭 어머니 할머니가 부른다

여름 뜨락

잠든 초가의 그리움인가
무너진 뜨락 시간의 돌 뒹굴고
기우는 담 나팔꽃 넝쿨 없는다
몇 가닥의 담쟁이 누가 먼저 오를까

틈새로 돋아난 풀 봉숭아 외롭고
손길 없는 봉숭아 어떻게 자라났나
석삼년 전 심고 떠난 누나의 영혼인 듯
뜨거운 기다림에 빨간 꽃잎 떨어진다

잃어버린 유월

새벽노을에 열리는
초여름의 아침인가
날 밝아라 어미 제비
식구들 깨우고
그윽한 밤꽃 향기
문틈으로 스며든다

부지런한 누렁이 소
무엇을 바라보나
쇠죽솥 열기는 아직 이른데
오늘 할 일은 알고 있는지
할아버지 큰 기침에
식구들 놀라 일어나고

워낭 소리 땡그랑
누렁이 소 죽 달라 한다
안으로 밖으로
식구 할 일이 무엇인가
논 밭갈이에 모내기
뻐꾹새 울음 가깝다

외로운 고향

종달새 떠나니
뜸북새 가버리고
못 떠난 삐꾹새
아직 남아 울어댄다

저 기운 초가는
누가 살던 빈 집인가

무너진 담 메꽃 넝쿨
겨우 감아 오르고
담 아래 방초 꽃
그날을 기다린다

보고픈 사랑

욕심에 떼인 인연

비교는 누구 편이었나

밀어도 안 가려

발버둥을 쳐보았고

아름다운 그날 찾아

처음에도 매달렸다

바다의 유월

누구의 흔적이 처음이 될까
백사장 멀리 바위섬 외롭고
흰 갈매기 파도 따라
쓸쓸히 들어온다
처음이 처음 될까
마지막이 처음 될까

유월이 기다리는
백사장에 묻을 꿈
남겨질 처음도
지워야 할 마지막도
오는 파도 불러 모아
그날을 기다린다

제4부

뽕나무의 하늘

찔레꽃 뽕나무 밭은
웃음이 있었는데
두 번의 이 밭에는
근심만 쌓여 간다
보이는 친정 하늘
우리 엄마 잘 있는지

찔레꽃 뽕밭에
떼어놓은 내 아이
두 번의 이 밭 찾아
에미 부르는 것 같구나
들리는 저 뻐꾹새 울음
그곳에도 들리겠지

작은 추억

고향의 추억은 저 멀리 있는데
타향살이에 늙은 몸
옛날에 젖는다
이맘때면 뻐꾹새 울음에
보리밭도 찾았고
어머니 뽕 마중에 개울도 건넜다
오디 따 입에 물면 그렇게 달았던지
어느 것은 너무 시어 얼굴이 이그러지고

가슴 두근두근 앵두 서리는 어떠했나
기와집 안 양딸기에 침 넘어가고
멀리 모내는 들 눈 안에 들어온다
뽕 마중 싫어 어머니 힘들었던 날
그래도 어머니는 오디 모아 나 먹였다
젖어들 고향인가 잃어버릴 타향인가
해 저문 논길에 아이들 들어오고
타향의 고향 생각 노을 져 간다

아짐니

아짐니 계세요
누구여
저예요 아범이요
어찌 여길 다 왔나

막걸리가 생각나서 왔어요
그렇게 퍼 먹였는데도 안 오더니
죽을 때가 되니 여기 웬일인가
아니 그게 아니라 사정이 있어 못 왔어요

그럼 그렇지 안 올 사람이 아닌데
애 에미 아이들 모두 잘있지
사는 건 어떻게 살고 있나
사는 게 아니라 죽어 사는 것 같아요

내 몸이 끌려 못 나가니
저 광 왼쪽 구탱이 작은 항아리 열어 보게
누구 오면 주려고 담긴 담았는데
그대로 있을 걸세 다 퍼다 먹게나 안주는 찬장에 있고

그래 그동안 어떻게 살았나
네 아짐니 세상이 마음대로 안 되는 것 같아요

여기를 떠날 때 그래도 살아 보겠다고 꾸렸는데
떠나 나가보니 아니에요

에미 병으로 먼저 보내고
큰 아이는 남의 집에 밥 얻어먹으라고 보냈어요
그리고 나머지 두 아이는 대장간으로 보내고요
나 하나 남아 떠도는데 연락도 없어요

그것 봐 그것 보게 내가 생각 잘 해라 했지
그래도 그 에미는 내가 무어라 해도
말대답 없이 지 에미처럼 잘 했는데
가엾어라 먼저 갔구나

에미네 친정 사정도 내가 잘 알고 있는데
불쌍해라 먼저 보내다니
사람은 알 수 없어 타고난 팔자에 운명이라니
그것을 피할 수 없는 게 사람일세

지금 유월 이쯤이면 에미가 나 따라 다니며
이 일 저 일 구박을 해도 지 에미처럼
아무 말 대답 없이 그리도 잘 했는데 우리 집 식구 같고
뽕을 따 이어 나르기를 얼마나 억척스러웠나

그 젊을 때 뻐꾸기 울면 같이 앉아 쉬었고
여름날 개울 등목에 다듬이질의 겨울
뭐 같이 안 해본 게 뭐 있나
밤참에 떡도 같이 해먹고

그래도 지 새끼 주겠다고 퍼 나르면
내가 더 얹어 쌀까지 퍼 주었지
먹고 살아야지 어떻게 하겠나
고생도 많이 했어 춥기는 얼마나 추웠고

나나 자네나 뭔 놈의 팔자가 이런가
나도 그 후 서방 보내고 이렇게 살어
찾는 놈도 없이 적적하길 짝이 없네
밤은 왜 그리도 긴지 차라리 그때 누가 보쌈이라도 해갔더라면

이제 다 틀렸네 세월도 다 갔고
살날이 며칠이나 남았나 하루하루가 달라
아범 여기 들어와 살게 저 사랑채 줄테니
어디 나가면 고생이여 여기만 못해

나중이라도 나 죽을 때 자리걷이나 좀 해주게나
다랑치 논 묵었으니 자네가 지어 먹어

그리고 아이들 데리고 들어와
여기서 기르면 배는 곯지 않겠지 옛날처럼

팔자 운명이라니 누가 알았나
오늘도 이 툇마루에 앉아 있자니
그때 그 뻐꾸기 찾아와 우는구나
자네 나 죽거든 꼭 잔 한 잔 부어 주게나

하얀 조개

흙 밖 너의 속

누가 너를 비웠나

비우지 않았으면

떠밀리지 않을 것을

하얗게 하얗게

그 시간이 얼마인가

미련 찾아오는 이

되돌아갈 것을

밤 골

겨울 까치는 쓸쓸해 보였는데
오뉴월 너희들 밝게 보이는구나
암수 놈이 가지 오르내리며
마주 보고 짖어대는 것으로 보아
너희들끼리 뭔 이야기를 하는 것 같은데
뭔 이야기를 하며 둥지를 바라보는지

높은 가지에 앉아 짖는 놈은 짝 찾느라 짖는 것 같고
두 놈은 마주 보며 뭔 이야기를 그렇게 하나
보름 명절 지나 삭정이 물어 날라
저 높은 가지에 둥지 틀더니 새끼가 들어 있나
뭐 보이고 소리가 들려야 그런가 보다 하지
저리 지켜보며 짖어대나

사람으로 보아 여기 이 동네에도
혼자 사는 여편네 홀아비가 많은데
당장 이웃 머슴도 그렇지 않은가
그 아이 에미는 혼자 사는지 꽤나 오래됐는데
동네 터가 그런지 집터가 그런지
그저 짝 못 찾고 저리들 있으니

찾으면 뭐 그리 흉이 된다고

눈 한 번 꽉 감으면 되는 것을
세월은 밤낮으로 붙들어 매놓았는지
한 살이라도 젊었을 때 일 저질러야 하는데
사람이나 짐승이나 짝 찾아 살아야지
보기에도 안 좋고 세월에 속는거여

젊은 것들 너희들이 뭐 알기나 아니
자식은 울타리뿐 서로 의지해야 할 사람이 있어야 하는거여
빨래터 앞 상수리나무 위 노란 꾀꼬리 한 쌍을 보았니
보이는 저 까치집에 까치도 그렇고
무엇 때문에 혼자들 살고 있는지
오가다 곁눈으로 슬쩍 보면 눈치는 그것이 아닌 것 같은데

자식 때문에 짝 못 맞추나
소쩍새에게 맡겨 두었나
내 이웃 집 잔칫날에 벌써 눈치챘어
살아온 세월에 눈치 하나는 무당이여
너희 젊은 것들 이 늙은이를 속여
봐라 얼마 안 있어 소문이 도는지

벌써 앵두 오디 다 익고 보리타작하는데
뜸북이 울어 부채 들 날이 며칠이나 남았다고

손에 쥐면 그 세월이 그냥 있나
바로 내려놓으면 찬바람 불어
달 뜨는 수수밭 위 기러기 날아가고
그렇게 빠른 것이 세월인 것을 어찌 모르나

옛날부터 밤나무가 많아 밤 골인지
이 밤꽃 향기 끊기면 바로 송이 자라 알암 떨어지고
수수 고개 숙여 수수목 잘라야 하는데
너희들 빨리 도망이라도 가거라
초년의 너희 세월 그 세월이 속이고 있어
어느덧 해 넘으니 밤꽃 향기 내려오는구나

숨바꼭질

꼭꼭 숨은 나
누가 나를 찾을까요

보이는 나
나를 찾은 것이 아니고

그냥 아는
나 찾은 거예요

나는 내 속에
꼭꼭 숨어 있어요

현충일의 하늘

꽃다운 죽음
세월에 덮이고
아물지 않은 상처
시간이 못 꿰매었다

죽어 남긴 꽃 이름
호국 영령이시여
그 이름 구름 되어
삼팔선을 넘는데

당신의 모습은
어디에 있단 말입니까
마지막 무덤 앞
한 서린 어머니

어머니도 님 찾아
하늘나라 떠나시고
놓인 국화 송이도
시들었습니다

아니 올 줄 알았던
철 따라오는 새

오늘도 그 철새
삼팔선에서 웁니다

작은 세월

풀잎새 흔들리니
가는 세월 덧없어라
부는 바람 아니 불면
안 되는 것인지

소리 담을 귀 열으니
못 듣는 귀 어찌할까
뜬눈에 못 듣는 눈
눈 감으면 들을까

눈도 귀도 못 듣는 소리
이 시간은 듣는지
그림자에 가려도
못 듣게 흔들린다

이발소의 눈물

가기 싫은 이발소
머리 뜯는 이발소
아프다 싫다 하면
기계로 얻어맞고
원치 않은 박박 머리에
울면서 집에 왔다

예쁘게 상고머리
언제 깎아보나
부스럼에 빨리 자란다
박박 머리 깎던 날
아버지 무서워
담 밑에서 울었다

머리 삯은 어떠했나
걱정에 올라온 의자
궤짝 놓아 더 높고
삯은 어머니의 몫
보리방아 찧던 날 보리쌀 한 말
가을날 첫 방아에 쌀 한 말 주었다

유월의 낭만

어느 꽃이 피고 질까
봄의 꽃 보릿고개 넘어
사랑 따라 가버리고
언덕배기의 여름꽃
풀숲에 숨어 있다
지는 꽃에 떠난 봄
봄은 언제나 그렇게 떠나야 했나
초여름 밤꽃 향기 내려앉는다

이 밤꽃 지고 나면 뜨거운 여름
추녀 끝 제비 새끼 날개 짓에 즐겁고
모내놓은 들녘 논바닥 덮는다
이제 잃은 봄에 완연한 여름
유월의 초여름 며칠이나 될까
칡꽃 떨어지면 더 뜨겁고
마지막 뜸북새 찾아오는 날
보내는 초여름 봉숭아 꽃 기다린다

여름 언덕

늘 보았던 꽃이련만
잊혀져 처음 되고
어렴풋한 기억으로
그날을 떠올린다

어릴 적 보았어도
그 이름이나 알까
그저 붙인 이름이
기억의 이름이고

그 이름도 몇 가지
모두 잊어 모른다
들로 냇가로
풀 베던 언덕으로

그날에 보았던
옛날의 꽃들인가
추억 멀리 볼수록
더 많이 피어 있다

여름 바다

찾았던 겨울 바다는 시렸었는데
오늘 찾은 이 여름 바다
가슴 깊이 시원하다

내려놓고 버린 마음
추스르는 한숨
마시는 한곳에
옛날도 씻기고

내려놓은 상처 하나
파도가 휩쓴다
이제 부서질 무엇을 버릴까

유월 저녁

저녁 바람 불어와
삽 씻는 아버지
뻐꾹새 저녁 울음에
먼 산 바라본다

가야 할 집 누가 있나
노루 꼬리에 쫓기는 아버지
낮 뻐꾹새 저녁 울음
이제 이 개울 건너갈까

석양에 저문 저녁
바람 쓸쓸하고
어느덧 아이들
소 몰고 들어온다

거칠은 세상

뒤돌아보아야 하나
없는 앞 가야 하나
고갯마루에 기울던 해
이제 나를 버리는구나

빈 주머니의 나
미워했던 사람이 다 누구요
석양에 이 고갯마루
다음은 노을인데

길 없어도 가야 할 곳
어둠이 가리면
뜨는 달 없어도
그 별자리 찾아

어릴 적 주웠던 별
다시 올려놓고
감은 눈의 마지막 꿈
저 하늘 올라 찾으리라

여름 마당

명석 펴 눕기에 아직 이르고

바라보는 서쪽 하늘 노을 져 간다

머리 위 고추잠자리 어디에 숨었나

쓸어안은 댑싸리 포근히 안기고

은하수 북두칠성 먼 훗날 그려준다

목숨

담고 넣은 것이
내 것이었나

잇기 위한
욕심의 것이었고

욕심도 제 것 아닌
마지막의 것이었다

버린 것이 무엇인가
무엇을 버렸나

버린 것이 아니고
잇기 위해 놓은 것

놓아도 못 잇고
마지막이 끊는다

개구리의 고향

옛 봇물은 깊고
그렇게 맑았는데
그 물 다 어디에
풀숲만 남았는지

자갈 더미 모래 더미
덮인 풀에 그을려
비가 와도 씻기지 않을
세월의 때에 얼룩지고

그래도 둑 언저리
몇 송이의 꽃 그대로
추억의 물놀이에
맑은 물 흐른다

외로운 골짜기

뜯어 쥔 풀 한 가닥에 무엇이 들어 있나
입에 문 이파리에 무엇이 들어 있고
적막의 이 골짜기에 뻐꾹새 울던 날
벼 잎새 나부낌에 인생을 배웠고
울먹임의 그 뻐꾹새 울음에 슬픔을 배웠다

어릴 적 어머니 상여 따라 사탕 얻어먹던 날
회 닫이 그 북소리 이제 들려야 했던가
어렴풋한 선소리 한마디에 가슴이 메인다
이 골짜기를 어머니 따라 얼마를 다녔나
엎지른 술 주전자에 어머니가 혼나고
물꼬 튼 나의 물장난에 내가 혼나지 않았나
보릿고개 살림에 춥고 덥던 어머니
무엇을 어머니께 잘하고 잘 못했나
마지막 북소리에 가슴 찢어진다

참 심부름에 오르내린 이 골짜기
찾아온 뜸북새 그 울음에 더 눈물 난다
바람 모아 부쳐 주며 나 가르친 골짜기
흐르는 도랑물에 손 씻고 발 씻던 날
집 지어준 나의 가재 아직 나 기다리고 있지 않는지

운명의 밤

마당 끝 청개구리 울음 그칠 줄 모르고

밝은 달밤 논 가운데 큰 개구리 한 맺힌다

낙숫물에 고이는 청개구리의 눈물인가

달빛에 젖은 세월 창호지 문 찢어대고

지난 세월 가는 시간 남은 인생 끌어간다

고갯마루

나 아는 이 누구요

찾을 사람은 있나요

웃었던 날의 허물들이

눈물 되어 흐르니

오른 고개 저 멀리

노을만 져 간다

이 도서의 국립중앙도서관 출판예정도서목록(CIP)은 서지정보유통지원시스템
홈페이지(http://seoji.nl.go.kr)와 국가자료공동목록시스템(http://www.nl.go.kr/kolisnet)에서
이용하실 수 있습니다. (CIP제어번호 : CIP2017005744)

낙엽의 시간

초판 1쇄 발행 2017년 3월 27일

지은이 이원문 **펴낸이** 임정일
책임 임병천 **편집** 김지해, 김수경 **디자인** 이동헌

펴낸곳 책나무출판사
출판신고 2004년 4월 22일(제318-00034)

주소 서울시 영등포구 신길3동 325-70 3F
전화 02-338-1228 **팩스** 0505-866-8254
홈페이지 www.booktree.info

ISBN 978-89-6339-527-2 03810